gallina

hen

gallo

rooster

pollito

chick

patito

duckling

pavo

turkey

burro

donkey

cisne

swan

rana

frog

mapache

racoon

oso

bear

ardilla

squirrel

mosca

fly

mariquita

🇺🇸 **ladybug**
🇬🇧 **ladybird**

gusano

worm

caracol

snail

babosa

slug

abeja

bee

araña

spider

escarabajo

beetle

libélula

dragonfly

león

lion

cebra

zebra

jirafa

giraffe

rinoceronte

rhinoceros

serpiente

snake

mosquito

mosquito

tortuga marina

sea turtle

hipopótamo

hippopotamus

caimán

alligator

cocodrilo

crocodile

tiburón

shark

morsa

walrus

pingüino

penguin

oso polar

polar bear

foca

seal

estrella de mar

starfish

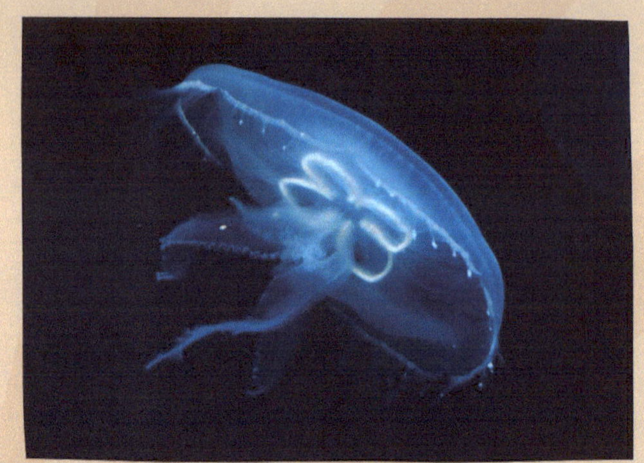

medusa

jellyfish

conchas marinas

seashells

pluma

feather

11

once

eleven

12

doce

twelve

13

trece

thirteen

14

catorce

fourteen

15

quince

fifteen

16

dieciséis

sixteen

17

diecisiete

seventeen

18

dieciocho

eighteen

19

diecinueve

nineteen

20

veinte

twenty

corazón

heart

óvalo

oval

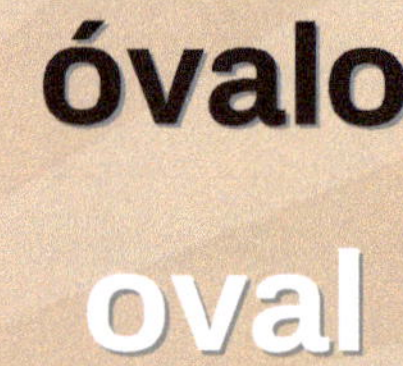

flecha

arrow

creciente

crescent

curva

curve

espiral

spiral

cruz

cross

zigzag

zigzag

arcoíris

rainbow

colores oscuros

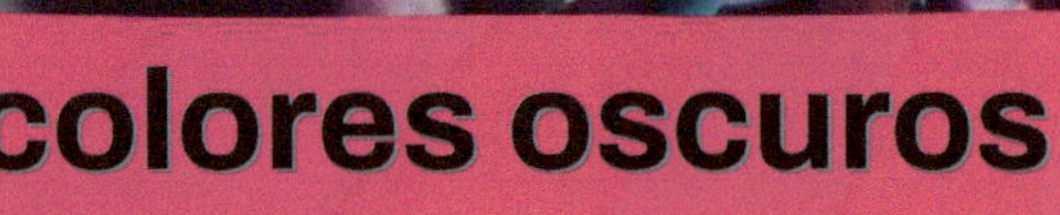

colores claros

🇺🇸 light colors
🇬🇧 light colours

puntos

dots

línea

line

bajo

short

alto

tall

un poco

a little

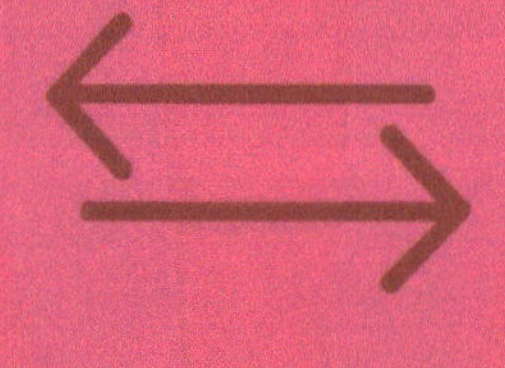

mucho

a lot

lleno

full

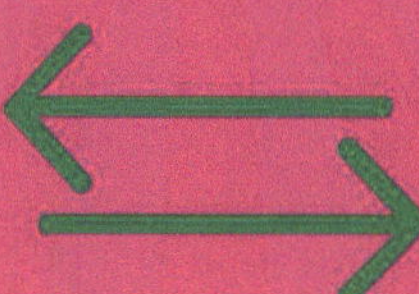

vacío

empty

cabello rizado

curly hair

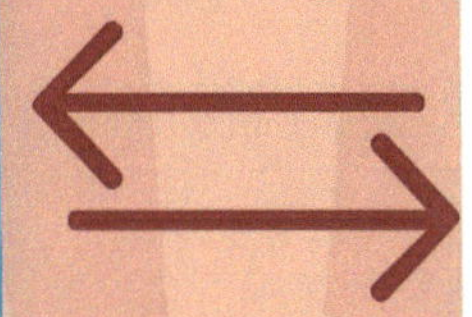

cabello liso

straight hair

aceptar

accept

rechazar

refuse

idéntico
identical

diferente
different

seco
dry

mojado
wet

juguetes

toys

pelota

ball

bloques

blocks

robots

robots

lengua

tongue

nariz

nose

cabello

hair

bigote

moustache

dedos

fingers

brazo

arm

rodilla

knee

codo

elbow

sonreír

smile

beso

kiss

llorar

cry

dolor

pain

cuerpo

body

espalda

back

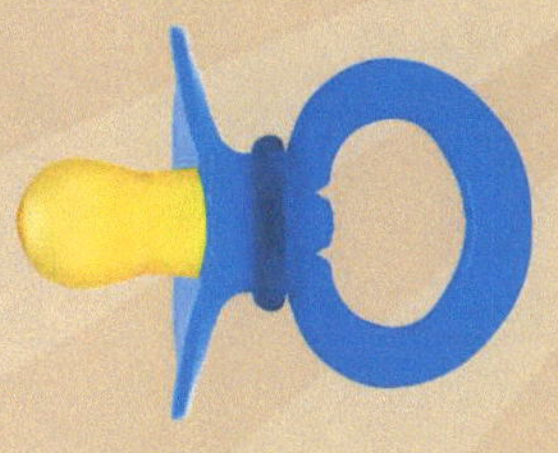

chupete

🇺🇸 pacifier
🇬🇧 dummy

trona

high chair

jabón

soap

cepillo de dientes

toothbrush

toalla

towel

orinal

potty

anillo

ring

pulsera

bracelet

collar

necklace

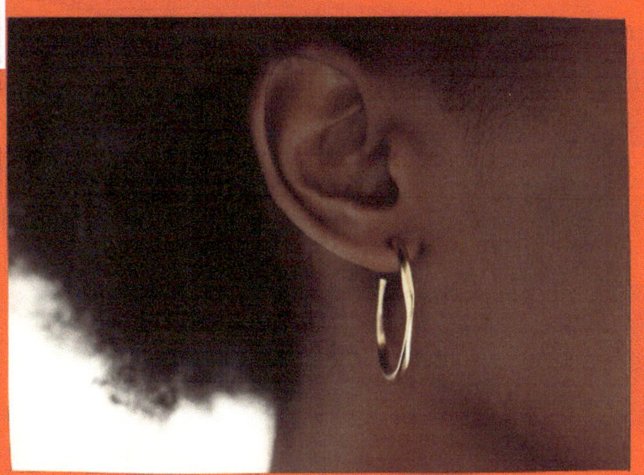

pendiente

earring

chocolate

chocolate

palomitas

popcorn

mermelada

jam

tostada

toast

miel

honey

mantequilla

butter

pan

bread

helado

ice cream

sémola

semolina

arroz

rice

pasta

pasta

sopa

soup

leche

milk

agua

water

zumo

juice

kiwi

kiwi

frambuesa

raspberry

pomelo

grapefruit

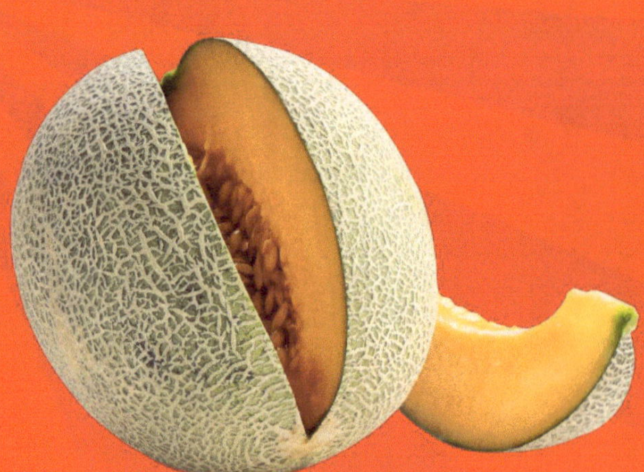

melón

melon

ciruela

plum

albaricoque

apricot

granada

pomegranate

higo

fig

arándano

blueberry

arándano

cranberry

caqui

persimmon

lichi

lychee

frutas

fruits

verduras

vegetables

aguacate

avocado

judía verde

green bean

brócoli

broccoli

berenjena

eggplant

guisantes

peas

pimiento

bell pepper

remolacha

🇺🇸 **beet**
🇬🇧 **beetroot**

lechuga

lettuce

endivia

endive

alcachofa

artichoke

puerro

leek

cebolla

onion

ajo

garlic

jengibre

ginger

nueces

walnuts

almendra

almond

pistacho

pistachio

anacardo

cashew

www.ingramcontent.com/pod-product-compliance
Lightning Source LLC
Chambersburg PA
CBHW041623110726

48005CB00002B/480